북적이지 않는 꽃의 질서

시산맥 기획시선 094

북적이지 않는 꽃의 질서

시산맥 기획시선 094

초판 1쇄 발행 | 2023년 02월 28일

지은이 문젬마(본명 문정임)
펴낸이 문정영
펴낸곳 시산맥사
편집주간 김필영
편집위원 신정민 최연수
등록번호 제300-2013-12호
등록일자 2009년 4월 15일
주소 03131 서울특별시 종로구 율곡로 6길 36,
월드오피스텔 1102호
전화 02-764-8722, 010-8894-8722
전자우편 poemmtss@naver.com
시산맥카페 http://cafe.daum.net/poemmtss

ISBN 979-11-6243-350-8(03810)

값 10,000원

* 이 책은 전부 또는 일부 내용을 재사용하려면 반드시 저작권자와 시산맥사의 동의를 받아야 합니다.
* 이 책은 교보문고와 연계하여 전자북으로 발간되었습니다.
* 본문 페이지에서 한 연이 첫 번째 행에서 시작될 때에는 〈 표기를 합니다.
* 저자의 의도에 따라 작품의 보조 동사와 합성 명사는 띄어쓰기가 달라질 수 있습니다.

북적이지 않는 꽃의 질서

문젬마 시집

■ 시인의 말

고백 성사

늘 자주 오래
불퉁했거나
투덜댔거나
공손하지 못했던
저의 죄를 사하여 주시옵고
이 밖에도 알아내지 못한 많은 잘못
또한 용서를 청하는 바입니다

천주강생 2023년 새봄
오상실에서 문젬마

■ 차 례

1부

이력서	19
대밭에서	20
자화상	22
복숭아	24
흰 밤 이야기	25
장례식장의 경우	26
엉겅퀴	28
모델하우스	29
근하신년	30
도서관	31
오래된 정원	32
파꽃	34
단추제국	35
장충족발	36
수국여자	38

2부

은사시나무	43
토르소	44
수박 2	45
꽃의 연대기	46
원 플러스 원	48
눈사람	49
농부 K를 위한 변명	50
동쪽 마을에 사는 여자	52
스트라이크	54
축구팬을 위한 서비스	55
미모사	56
디아스포라	57
바둑	58
사랑	59
디아노사우루스	60
부부	61

3부

루시아記	65
할아버지와 나와 갈치와	66
남강 가에서	68
새 옷	69
순장	70
냉이꽃	71
개망초	72
탁본	73
애송시	74
매물도	76
치사량이 없다	77
귓속말	78
자판기 앞의 생	79
고래의 딸	80
山所	82
자주감자	83

4부

덕천강	87
나의 분홍보자기	88
횡재	89
卓球	90
점자책 읽다	92
엄나무 가시, 그깟 것	94
마술쇼	95
사자춤	96
아버지 빨래였다	98
백만 년도 더 전 이야기	99
달의 입술	100
나의 사랑법	102
소나기	103
김밥천국	104
어떤 祭文	106

■ 해설 | 오보배(강원대학교 불어불문전공 교수) 111

1부

이력서

목련꽃 빈혈 앓은 것 쓸 칸이 없어요
그냥 육십 세라 쓰세요
(별 중요한 거 아니에요)
바지랑대 끝 잠자리 노리던 것도 쓸 칸이 없네요
무실 생이라 적어 두세요
(뭐라도 상관없어요)
홑겹 눈으로 훑고 마는 고용주여
제발 누나여서 물리지 못한, 딸이라서 청하지 못한
소원에 대해서 물어주세요
선물 상자 언박싱* 나도 좋아한다는 것
칸을 마련해 주세요

* 언박싱 : 구입한 물건을 개봉하는 일

대밭에서

죽순의 뿔은
아직 연하다

고깔 한 겹씩 벗으면서, 한세상을 갈아입는다

불쑥 허공을 잡고서야 일어서는 몸
먼저 들이대는 습성이 남아 있다

침묵으로 잠겨있는 방
칸칸이
말할 수 없는 것들 들어차 있다

한 층 한 층 살아 있는 탑
온몸
숲을 흔든다

얇은 커튼 드리운 그림자 맑다

텅텅 빈 소리로 말하는 나무여

비 갠 하늘을 향하여
똑바로
일어선다

아기집을 들어낸 여자, 흐느끼고 있다 산발한 채로

자화상

누르스름하고 둥근 얼굴엔
눈코
입이 없다
표정이란 더욱 없다
마이크가 주어진 적 없는 입
점점 오므려 두었다 발성법을 잃었다
침 묻어 눅진하던 공책은 거스랭이 일도록
비슷한 말 반대말 낱말 풀이 베끼기,
날이 저물고
분꽃도 같이 입을 다물었다
예 그렇습니다 말고는 효용 사례가 드문 우리말 여성형
예민하게 킁킁대다간 혼쭐 나는 코를
뭉개고 말았다
여기서 더 높였다간 가만 안 둘 거야 콧대
눈을 들어 뭘 노려보겠냐고?
아, 알았어요
차라리 근시인 것이 천만다행인걸요
얼굴 표정이 풍부했다간
전 맞아 죽을지도 몰라요

〈
장동건은 슬픈 연기를 못하지 않습니까

복숭아

불온한 생각은 너무 달아요 쉬운 몸은 나도 어쩌지 못하겠어요 벌써 간지러운걸요 이게 나인걸요 내 몸 오그려 사타구니까지 다 핥아먹고 마지막 뼈다귀 감춰둔 거 당신께 보여드리고 싶어요

엉덩짝 시뻘게지도록 맞아가며 새겨둔

나의 형상기억합금 두개골

흰 밤 이야기

정처가 없습니다

돌아오는 밤이 길고 하얗습니다

발이 없어도 걷고 또 걷습니다 이슬이 내리지 않아도 젖습니다

어깻죽지 아파도 날아갑니다

절벽에 사는 갈매기처럼

파도치는 어디쯤이 제 자리입니다

죄 없는 밥이 없고 비밀 없는 밤이 없습니다

깃털 이불도 멍석말이입니다

더 이상 밤이

검지 않습니다

장례식장의 경우

통곡소리에 진료기록이 씻겨 나간다

종합병원 순례길

이제야 마지막이라는 듯 상주들 얼굴 말갛다

삼삼오오 모여 앉은 사돈의 팔촌들

콕콕 수육 접시를 쪼고 있는 까마귀 떼 같다

시침 뚝 떼고 앉은 부의함이 궁금하다

흰 바탕에 검은 줄 선명한 완장이

반드시 마쳐야 할 일 있는 듯 또렷하다

운송장 붙은 관

불길 속으로 밀어 넣는 동안

〈

　민화투 같이 치던 사이 다시 한번 맹렬하게 타오른다

　울고 싶을 만큼 울었나보다 완전 연소된 슬픔, 공중으로 몰려간다

　한결같이 무표정한 유가족들

엉겅퀴

아름다운 꽃이 최선인가요 뭐
살고 싶은 대로 살아가요
추우면 둥글게 몸 말고
휘파람 불고 싶으면 휘파람 불어요
낙하산 펼쳐요 뛰어내려요 착지점에 새살림을 차려요
본 적도 없는 소문만의 당신과
그래도 만져보고 싶은 몸
어디쯤 오고 있나요
저 저 저 좀 안아주세요
죽어가는 것도 모르는 채
또 봄빛은 짙어가요

모델하우스

아침에 나왔다 저녁에 들어간다
저녁에 나왔다가 밤중에 들어간다
전화를 받지 않아도 아무 일이 일어나지 않는 집
소파에 기대어 앉아본다
침대에 누워본다
창밖 커다란 메타세콰이어 수문장으로 듬직하다
변기 커버는 연보라색 리본을 두르고 하얀 이를 드러내고 있다
누군가는 여자를 안아 침대로 내던지는 꿈을 꾸고
누구는 거실 도서관을 꾸밀 거라는 상상을 한다
꿈의 견적을 버리려는데 쓰레기통이 보이지 않는다
모델하우스, 같은 색깔 같은 사이즈 슬리퍼에서 벗어나자
바로 타인으로 교체되는 거실 주인
현관부터 차례로 정리된다

근하신년

눈 같은 것 없이도 온다
고양이 발소리로 온다
길고 긴 징역살이, 보석으로 온다
수북수북 퍼내어도 그득한
튀밥 소쿠리로 온다
떡국 끓이는 솥전 넘치도록 온다
후후 불어가는 앵돌아진 입술로도 온다
누구라도 붙잡고 말 걸고 싶다고 온다
섣달그믐 캄캄하게, 요양원 복도를 걸어온다

도서관

어떤 생각은 실마리에 화약이 묻어 있다
네 머리에 불이 붙는 건 언제나 사소한 일
눈독을 들이는 것만 해도 이미 거기는 거대한 폭약 창고
일일이 접힌 페이지를 들추지 않아도
서가를 거니는 것만으로도 전율한다
아무나 드나들어서는 안 될
이곳, 검문은
항상 게슴츠레 풀려 있고
어떤 아이들은 손가락에 묻은 꿀을 핥고
어떤 노인들은 눈가가 짓물러지도록 사상의 장지를 고른다
머리통을 명중시킬
한 방,
명문장이 사라져버린 시대다
육체를 걸터앉은 정신이 헤게모니를 쥐고 있는 방은 없다
도서관의 책들은 결코 서두르지 않고 조용한 사열을 하고 있다

오래된 정원

소금기 서걱이는 이마로
가을이 왔다

방 하나에
선풍기 하나

멈출 수 없던 날개와 날개 사이

물기 다 걷히도록
식어버린
그대 마음 나는 몰라라

꽃이고 잎이고 향기인
그늘에

조였다 풀었다
글썽이는 가을 여자

천 리든 만 리든 그대에게 닿으리

서늘한 연정 읽고 있는
오래된 정원

파꽃

꽃놀이 가기 싫다 투정 끝에 모두가 떠나갔다 뻐꾸기 울던 곳은 흔적도 없고 기척도 없고 소문도 없다

정답던 사람들 다 지자 파 뿌리 꽃을 피운다 하얗게 피워낸다

눈물이 키워내는
둥근 파꽃

벚꽃 지자 파 줄기 푸르다

단추제국

일부일처의 가계, 정직한
일대일 세팅
혼밥과 혼술의 드라마다 얼굴이 동그란 주인공이다
누구나 얼마간의 병력을 거느리고 산다
자식을 거느리지 않는, 자식의 번식을 허락하지 않는 가계
수직의 순번만을 인정하는 계급장이 요체다
평등을 요구하는 항명은
자주 그렇듯 직무유기 너머에 있다
코미디를 넘어 자신을 리셋할 때
파국이 오는 가계
단추나라 적장자는 대룽거리거나 해롱거리거나
앞섶을 풀어헤치고 있을 때라야
도도하다

장충족발

신생아실에서 처음 잡았다

그 발목 붙잡고 엉덩이를 치면

소리가 났다

거꾸로 매달려 터뜨리던 첫 번째 울음이 나를 살렸다

그 발목으로 구두를 신으면

매달 한 켤레 코가 나갔다

킬힐은 7센티

아슬아슬하고 위태로운 세상 기우뚱거리며 왔다

足 足 足 足 足 足 足 足 足 足

칠판 한가득 채운 발 문양이여

〈
장충동에도 족발이 뜯기고

상평동에도 족발은 뜯긴다

우수사원 포상금으로 한턱은 내지만

지상의 모든 발들 울음소리 들린다

수국여자

고개 처박고
술만 퍼마셨다

부러질 듯 부러질 듯 무거운 목이 아슬아슬했다

게워도 게워도 몹쓸 그 사내 비워지지 않았다

넘치는 곳은 하수구만이
아니었다

2부

은사시나무

저라고 어디 처음부터 그랬을까요
그런 걸 누가 가르치고 말고 하나요
그냥 떨려요 난 아무 짓도 한 게 없는데
당신 생각하는 것만으로도 밥 못 먹고 잠 못 자고
사랑 따위 엄두도 못 내지요
난 하냥 이대로 떨리기만 한다구요
저를 좀 제발 멈추게 해 달라구요
춤인지 노래인지 발광인지
저도 저를 모르겠어요
은도끼 들고 저의 모든 걸
송두리째 찍어내 주세요 제발

토르소

해마다 가을이면 수족이 잘리는

버둥거리는 눈썹마저 얼어붙는

입술은 이미 마비된

모지러진 동상 자리 오줌을 내깔기는

감당해야 할 몫의 추위는 실핏줄 치수 줄여 몸통 살리는

그래도 삼월이면 환상통이 도지는

겨드랑이가 간지러운

일평생 선 채로 살아내는

수박 2

이리저리 굴려본다
어쩌지 못하는
버거운
겉과 속이 완전히 다른
무장한 철모

얼룩덜룩하게 덧칠한 권위를 벗기고 싶다

단칼에 심장을 가른다
벌건 속내 질질 흘러내린다
평생토록 파먹는다
허옇게 가죽만 남을 때까지 완전 알뜰하게

진검승부!

꽃의 연대기

정원은 만원이다
북적이지 않는 꽃의 질서는 꽃의 미학

나비는 좋을 것이야 소란스럽지 않은 사랑을 나누리 꽃들 소맷부리 부여잡고 울진 않으리 패악 부리지 않으리 꼴값을 치를 주머니 차지 않으리 중인환시리에 유유히 떠날 수 있으리 서툰 애무 비웃음 사지 않으며 서두른다 욕먹지 않으니 벌은 좋을 것이야 다음 생에는 벌 나비로 태어나기 제비뽑기로 정하기

화병 가득 식탁에 꽃을 차렸다
한 송이 뽑아 드는 남편 코끝으로 음, 향이 좋군
열흘 붉자 손아래 동서가 달려왔다 즈네 아빠 그래도 되는 걸까요 형님
아차 싶어 꽃 모개비 치켜들고 말려두었다 유예되는 꽃들
느그 할배 삼천포 과수댁 만나러 갔나 보구나
두 딸 양 손목에 거머쥐고 힘껏 튀어나왔다

아직도 정원엔 꽃들 만개해 있다 벌 나비 붕붕거리고 있다

시어머니 눈물 말랐다 완전 말라버렸다 하신다 드라이플라워

원 플러스 원

꼼꼼하게 메모해도, 그냥 달려가도
언제나 원 플러스 원

바구니엔 언제나
원 플러스 원

주례는 진작 이런 거나 물어보지
신랑은 눈이 오나 비가 오나
아내와의 쇼핑을 함께할 자신이 있나요?

휴일에도 묶이고 싶고
주중에도 묶이고 싶고
주말에도 손발을 묶어두고 싶다

다정하게 끌어안고 있거나 그냥 누워 있거나
언제나 원 플러스 원

뜨거운 촛농을 등허리에 부어보는
변태 성욕자처럼

눈사람

화장터 없이 먼저 죽어버린
무덤

핏자국도 없이
검은 눈썹으로만 지켜보던
입을 열지 않던 당신이
이루려던 나라

결백은 언제나 손이 먼저 시렸다
입으로 가는 변명을 틀어막았다

걷고 싶다,는 마음마저 얼려둔다

흐린 하늘을 이고 가는 사람들 무리 속에
그렇게 살아지는 사람이 있다

농부 K를 위한 변명

도시 사람들 선물세트에 매달려왔다
포장지 거죽 죽죽 찢어 놓고 갔다
종합으로 차례로
추석이 몽당빗자루 같아졌다
하우스 속 딸기도 팥죽색이었다
오래도록 설이 멀었으면 싶었다
경숙아 오데고?
미친 척 문자 한 통 넣으려다
담배 한 갑 다 태웠다
저나 나나 새끼들 빈 깡통같이 매달고
또다시 무엇을 바라랴
죠스바 먹던 혓바닥 찰지게 한번 맞춰보고 싶었다
색깔 짙은 그 동굴 탐험하고 싶었다
붉은 치마 적상추 같았던
이제 사랑니 썩어가는
군둥내 나는 쉰둥이
종합이 찢겨나간 선물세트 껍데기
플라타너스 끝에 허우적거리고
모교 교정 검붉은 죠스

모든 것 삼키고 있었다

추석은 이제 그만
이제 그만 오란 말이다

동쪽 마을에 사는 여자

신호가 바뀌었다
해가 설핏하면
서쪽으로 돌아가는 운전습관
상해버린 마음 나부랭이 파묻을
밭뙈기나 살피러 가는 길, 단숨에 건너지 못하는 인공호수가 있다
자꾸만 자꾸만 서쪽으로 돌아가는 고개
슬픔은 무게가 되어 체중계에 실린다
그 집 귀신이 되어라
말씀이 징 되어 알알이 박혀 있는 대들보에
자일을 걸어두고
직진으로 적진으로 달려온 날이 일몰 붉은 스카프에 불 붙는다
여기는 사고 많은 지점입니다 내비 양 간섭이 끼어든다
사나운 울음보 터지기 직전
딸려오는 망상들
종아리며 목덜미 벌게진다
사거리 현수막 붉게 나부낀다
〈

죽어서도 잊지 못할 친정이 서쪽인 나는 동쪽을 사는
여자입니다

스트라이크

느글거리는 세상을 향해 한 번은 던지고야 말 거야
붉은 볼 감싸 쥐면 벌써
개운할 거야
자기 앞만 바라보는 사람 뒤통수 정통으로 맞힐 거야
거짓말쟁이 입술 맞힐 거야
코피 터지면 나는
신날 거야 굴러다니는 애물단지가 될 거야
개들도 거들떠보지 않을 양파를
노리개 삼는 나는

거들먹거리는 세상을 향해 한 방 먹일 거야

스트라잌!

축구팬을 위한 서비스

 너덜너덜해진 지구를 기울 거야 움푹 파인 두 차례 흉터, 굵은 바늘로 꿰맬 거야 자로 재단된 거죽은 무시할 거야 바오밥나무 결을 살린 오버룩을 칠 거야 육각형 패치로 꼼꼼히, 온누리 한 장씩 이어 붙일 거야 아니 꼬불거리는 리아스식 해변 잔손질을 먼저 해둘 거야 불룩한 히말라야 귀를 접어 파미르를 공그르면 인도양이 짭조름히 미어져 나올까 남극 펭귄 불러내는 시간, 출렁이는 파도의 기울기로 올 거야 흙과 물이 물과 불이 축을 안고 도는 이음새 말끔히 해둘 거야 드디어는 해오라기 성큼성큼 새발뜨기할 거야 반도를 가로질러 백 마일짜리 지퍼를 달 거야 금강초롱 절개선 너머 은은한 등불을 켜 들 거야

 슈팅, 지구별

 우주의 골망을 흔들고야 말 거야

미모사

세상 꽃들이여 다 모여라
그대들 넘쳐나는 이름을 반납하라
한 아름다움은 한 두름의 사슬을 거느린다
오늘부터 끊어버린 고리를 이어라
새로운 그물을 짜라
가까이 오기만 해도 쓰러져라
죽은 척하는 모습으로 살아가라
밤이면 어서 눈꺼풀로 접혀
별빛도 달빛도 눈 부시어라
이슬만이 지상의 감미인 것
어떤 세상에는 신경이 다발로 피어난다는 것을
그래서 含羞草
풀이자 나무며 열매마저 다디단 나는
부끄러움마저도
미리 알아버렸답니다

디아스포라

맛의 터미널에 해남 배추 부려 놓고
떠도는 전화를 받는다
홀아비 막냇동생 약 한번 안 쳤다는 텃밭
무며 갓이며 파며 목 날아간 시래기
주섬주섬 거머쥐고 겨울이 왔다
이거 간 맞나 봐라
수육보쌈 들이밀 어머니
안 계신다 오늘은 홀로 사는 남동생 김장해 주는 날
떠도는 속재료들 꼭꼭 쟁여 넣고
푸른 겉잎이 한 통씩 감싸 안자
눈 내린다

펄펄 하염도 없이
펄펄 소리도 없이

바둑

죽고 나서야 살 집이 보이는
망한 집 반집
죽기 직전 짓고 싶던 집
꽃물 든 손톱의 초승달 한 귀퉁이 쪽방을 달아내어
그대와 반집 차이 들며 나며
희고 검은 반상의 빈 그릇 저만큼 밀쳐두고
하루치 연명을 따르는 소주 한 병
울음 터를 공유하는 반집
복기가 주무기라 뭐든 늦는 내게도 못다 읽고 얼룩진
윗목의 병서

살고 나니 보이네
눈앞으로 환하게 걸어오네
아다리!

사랑

납채로 무지개 한 쌍을 보내왔다

흰 구름 말려 웨딩드레스 지어 입고 다시 시작하고픈

종일 이고 있어도 하나도 무겁지 않은

……가을 하늘

디아노사우루스

자꾸 가슴을 문질러 대는 여자

소문이 옷가지보다 많은 여자

손 거스랭이 물어뜯는 여자

웃지 않는 여자

울지 않는 여자

집에 커다란 코끼리 키워요?

다시 가슴이 쿵쿵대는 여자

부부

자꾸만 야위어 간다

복중의 늘그막

뭐라도 물어뜯어야 직성이 풀릴 듯 대가리에 적중하는 긴 세월

내장을 긁어내고 남은

좌우대칭의 기름진 살 속

등줄기 따라 가지런한 뼈 말씬하게 다 발라내고

부부가 남기는 것은 무엇인가

지글거리는 증오같이 살을 구워내는 아내여

온몸을 비틀며 비명도 없이 장어 꼬리 길다

언제쯤 우리는 담백할 수 있을까?

3부

루시아記
- 애기똥풀꽃

    한겨울에도 꽃이 피는 루시아 氏네 안방에는 아기로 부활한 아흔세 살 어머니 눈웃음으로 꽃 한 촉 치시고 누워 계신다 47년생 맏딸이 갈아내는 기저귀 어느 날 기별도 없이 또 노랑꽃 서너 송이 피워내셨다

    '언니야 왜 전화 얼른 안 받노'
    '느그 엄마 똥순이 할매 꽃 피운다고 안 그렇나'

    아하, 그랬구나! 하느님이 흠 없는 맏배(梨)를 제물로 삼겠다 하시더니 맏딸 루시아 氏 마른 얼굴도 금가루 듬뿍 묻힌 겹꽃이 피어 저리됐구나 꿀벌 잉잉 날아들어 저리됐구나 예쁘다 애기똥풀꽃

할아버지와 나와 갈치와

날마다 저녁은 온다
골목을 막아서도 오고 대문을 닫아걸어도 온다
오 일마다 서는 장날 어스름 할배는 늘 불콰하셨지
두어 가닥 지푸라기가 물고 온 물간 갈치
곤궁한 사돈의 안부도 묻혀오셨지
눈깔 하나 바로 백히면 다지 암 다고 말고!
십 리 길 내내 비린내 끌고
번쩍거리며
대문쯤에 당도하실 땐
당신도 갈치도 비린내도 하나의 통속
몸에 묻은 검불을 털어내며
마을은 얼마간 은빛이었다가
뼈마디 앙상한 능선을 타고 기약도 없는 어둠 속으로 기어들곤 했지

대문을 닫아걸어도 방문을 잠가도
오늘도 저녁은 온다
비늘도 없이 아가미도 없이
〈

스미어들 그 무엇도 없이 가뭇한 옛날도 없이
할배와 나와 갈치와 우리는
어디서 왔다
어디로 가는 걸까

남강 가에서

우두커니 강물을 내려다보는 사람 곁에서 구경한다

낚싯줄 던지는 사람 곁에서 구경한다

개를 데리고 바삐 지나는 사람을 구경한다

흘러가 돌아오지 않을 사람 몇 생각한다

강 저쪽에는 외국인 노동자들이 공을 차고 있다

새 옷

새 무덤이 풀옷을 입는 동안
옹기종기 모여 서서 콧물을 훔치거나 루즈를 바르거나
검거나 혹은 흰 치마저고리를 입은 사람들

몸이 벗어버린 옷 한 벌 태우다 말고
멍하니 앞산께를 바라본다

부지깽이 조심스러운 불길 따라
푸드덕푸드덕
겉옷이 홰를 치며 날아가는 것 지켜본다

품은 맞는지
요모조모 옷깃을 당겨 보듯
퉁겼다 놓아주자 흙무덤
얼굴 붉힌다

순장

일인용 매트 크기였다
전기장판으로 눌어붙었다
노인이 안 보이자
곡기 끊은 부엌이 죽 끓이던 냄비를 젓다 말고
기우뚱 따라나섰다
액자에 갇혀 있는 결혼식이 바래가고
후손들 낯빛이 흙빛으로 지쳐가자
팔랑나비로 날아든 사인
땅속 깊숙이 묻히는 마지막 소원
한 생이 시린 잇바디를 남기고 부위별로 해체되었다
화장장 옆 고물상
서쪽 하늘가 저물녘 댕기꼬리 남기고 노을이 졌다

냉이꽃

나생이 꽃 필 때는 딸네 집 안 가는 기라

좁쌀 닮은 꽃이 긴 겨울 보내고

그가 향으로 살고 있다는 고향 특집

개망초

졸업은 겨우 했습니다
어머니를 기쁘게 해드릴 게 아무것도 없습니다
외가에 따라갔습니다 산소에 갔습니다 절하라고 합니다

네가 세 여자를 살렸니라
외할머니 목소리 생생합니다
너 공부 안 하면 외삼촌처럼 된다이
엄마가 겁주던 그 삼촌들 바쁜가 봅니다
무덤가에 널브러진 들꽃들 하얗게 피었습니다

엄마 다 잊어버리세요
개망초 질긴 모가지 몇 꺾어 상석 위에 올립니다
엄마의 엄마를 생각하면 조금은 착해지고 싶습니다

탁본

오래된 동네 마실 효자리 가려네
탑 안으로 드는 길은
그리움으로 가는 길
흰 머릿수건 한 점 낙관같이 어머니
너덜겅이 늘어서네 금강도 아닌 묘법 연화도 아닌
아니아니 팔만 몇이나 된다는 대장경은 더욱더 아닌
한 자루 호미에 꾹꾹 눌린 언덕배기 경판들 보이네
문맹인 어머니가 새겨놓은
말씀들 보이네
나 저 언덕배기 경판에 화선지 한 장 대보려네
빈틈없이 빈틈없이 솜방망이 문질러 보려 하네
탑의 안쪽부터 가녀린
어머니의 생애
어둠이 짙어서야 드러나는 하얀 뼈들
나 탁본 한 장 떠 두려 하네

"난 절대 엄마처럼은 살지 않을 거야"

애송시

진주여고 출신이라서가 아니다
선배 작가로서가 아니다
「토지」 너른 장소에 천 명도 넘는 사람들을 살려낸
소설가여서가 아니다

나는 그 할매가 좋았다
고추농사 잘 짓고
뭇 남자들 앞에서 도저해서 좋았다
첩첩한 경상도 통영식 나물 반찬을 잘해서 좋았다
쪼갠한 서점을 차리고 바느질하고 살았대서 좋았다

그보다도
그 할매의 「진주사람 또개」 시가
진짜 좋았다

앞앞이 말 못하고
광인이 되어 버린
우리 이웃 사람
또개* 시를 써서

나는 그 할매가 에나로 좋았다
미치광이를 시 써서

* 또개 : 진주에 살던 조금 모자란 사람의 이름.

매물도

팔리지 않은 것을 보러
사람들 몰려온다 짝 잃은 슬리퍼와
날마다 한 번씩은 걸터앉았을 변기와
젖꼭지 달린 우유병,
해안가에서 죽었다
까닭 모를 사인들 까뒤집어 보여야 후련한지
미역줄기 검은 몸 사이에서 뒤채고 있다
나 여기 있소 거북손은 갯바위를 움켜쥐고
뱃전을 기어이 따라오는
꽃 멀미가 묻는다
매물 있나요?
섬 기슭을 부여잡은 봄 파도가
육지에서 밀려온 쓰레기들을 출렁출렁 흔들고 있다

치사량이 없다

그녀는 언제나 등을 돌리고 있다
하얀 뺨을 쓰다듬어 주거나 얼굴을 마주해야 입을 연다
가끔은 피학적인 살집 위에
뜨거운 냄비를 올려
시뻘게지도록 라면 국물을 뚝뚝 떨어뜨려 주어야 한다
오싹하게 반응하는 그녀는 필시 오르가즘 상태일 터
다른 동물과 차이점이라면
교성은 속으로 삼킨다는 정도
다리를 벌리고 이물질을 삽입할 땐
나의 쾌감은 잠시 망설인다
밑줄이 밧줄이다
이래저래 묵묵한 너를 싫증 난 듯 집어던진다
나를 변태로 취급하는 건 너의 오만한 포스
무얼 해도 입을 닫고 몸을 말아 넣는다
건성이거나 혹은 아주 격렬하거나
뒹굴다 뒹굴다 온몸이 거덜이 날 때까지
발가벗은 채 온갖 진정을 다 하는
나의 가장 사랑하는
희고 검은 이율배반의 너

귓속말
― 리어카 행상

이름 없는 공간
이라고 생각한다 무채색의 등고선이
나의 문신임에는 틀림이 없다 막다른 골목길의 달팽이는
무언가를 만지고 있다
담벼락에 돋아난 어둠은 불안하다
큐피트 화살은 과녁을 벗어난 지 오래다
무엇을 겨냥해도 맞추지 못했다 물집 잡힌 발바닥 기억을 훑으며
더듬이가 몸통을 한 수레 밀고 간다

내비 달린 적 없는
달팽이 외길

지도도 없이
동행도 없이

쉴 새 없이 바람은 바퀴를 돌리고 있는 중이다

자판기 앞의 생

뜨거웠던 심장이 이다지도 쉬이 식어버리다니요

입맞춤이 전부인 당신, 단 한 번이라도 좋아요

천 길 불구덩이 걸어 나와

그대의 진열장 안에 백자 도자기로 버젓이 자리하고 싶었어요

괜찮아요 괜찮아요 아니, 아니 괜찮아요

암만해도 이번 생은 글렀어

다음 생을 향해 온 힘으로 투항해요

증발하는 꿈들을 차곡차곡 내 몸에 포개어요

고래의 딸
- 결혼

느그집에서는 궁합 같은 거 안 봤다더나?

벙어리 3년 귀머거리 3년

또 3년을 더 살고도

시모님 뜻밖의 궁금증에 겨우 목구멍에서 끄집어내는 말

예, 머 그 럭 저 럭 이 라 던 데 요

느그 동서는 좋은데 느그는 안 좋다던데…

참, 제가 깜박한 게 있네요.

예단 혼수함 족보에 빠뜨린 한 가지

먼 먼 저의 선대 외할배가 울산 앞바다 고래랑 친하게 지냈던 일
〈

이 여자 저 여자 다 품어도 성에 안 찼던지

동해 고래랑 나눈 단 하룻밤 정회

딸을 낳아 또 그 딸의 딸이 전데요

장한 수염과 늘씬한 몸매는 퇴화하고

단 하나 남은 게 이건 데요 이 「심줄」 하나요

山所
- 어버이날

봉분 조금씩 낮아지고 있다
살던 모습 그대로 무덤도 살고 있다
조용하던 분은 조용한 대로
떠들썩한 분은 떠들썩하게
풀들이 말해주고 있다
기세등등하던 어른 산소 옆엔 죽순이 하늘을 찌르고 있다

자주감자

그늘 찾다 혀 빼물고 누운 개, 속눈썹이 짙다

햇빛 사나워지는 유월도 하지 무렵 지문 다 닳도록 자주감자 캔다 마음이 증발할까 가만가만 주저앉아

자주감자 캔다

4부

덕천강

   열어도 저절로 닫히는 아가미/ 접었다 폈다 접이의자/ 거룻배 타고 달아나는 물무늬/ 달빛 따라오는 그림자/ 주섬주섬 비린 슬픔 몇 수습하고 이 강 건너리 이 강/ 건너가리 장화소리 철썩이며/ 뒤돌아보지 않으리 뒤돌아/ 보지 않으리 다시는

나의 분홍보자기

　설날에는 산청 곶감을 쌌고 추석엔 삼천포 죽방렴 멸치를 쌌다 비포장도로 덜그럭거리던 날에는 고추장 단지 입을 틀어막았고 고속도로 쌩쌩 달리는 날엔 참기름병 입을 틀어막았다 그리고 보니 꼭 한 번 녹의홍상에 볼 붉힌 적도 있었다 앞끈이 다 나가도 끝끝내 그 매듭 못 푼

　미련퉁이 보자기 사성단자 보자기

　이제는 싸구려 수의 한 벌 풀어 누런 장판 위에 뉘여 넣고 가만히 들여다보는

횡재

 아이고 말도 말아라야 그 노무 말만 들어도 벌게지는 사램이 있거덩 아니 소문내고 접어 근질근질 입가부터 벌게지는 사램이 참말로 있더란다 펭생 가야 빤득한 옷가지 하나 거천 몬한 반피이 겉은 내한테 머할라고 그기 올라붙엇던고 모리겠서 저 건너 덕섬배미 고랑 진 밭 아 안 있덩가 고랑텡이 그득한 지심 제우시 다 매 가는디 자꾸 뒤가 매렵더라고 그래서 얼른 볼일 보고 챙기서 집에 올라꼬 잠시 치매 걷어부칬는디 근처에 머가 씌었던지 숨어있던 헹사 맨키로 쉬멍놀멍하던 노락질 겉이 여축업시 닳아버린 뒷축겉이 옻이란 넘이 올라붙었던갑서 그래서? 그래서는 무신 그래서 아이구야 끄떡없던 밭일 논일 집안 일 다 작파하고 근 열흘은 될 거로 고얀 데만 벌그레 갖고 성을 내고 있으니 벨 수 있었건대 써언한 이파리 삶은 물에 담그고 담그고 파묵고 들앉았신깨 쪼깸 반분이나마 풀리긴 하더라만 그 해 깨고 머시고 밭농사 다 망치뿌렸제 삼베가 꺼칠하긴 하더라만 감나무 그늘 밑에서 삼이나 삼삼하이 삼고 있어보이 양반 욕하고 떠는 것보담은 영판 쾌한 터만

卓球

오종종한 한 평 살이
두들겨 맞는 것이 본업
추락사는 기본이다

통통통
종일 뛰어다니는 내성이 주무기
실금이 완성해가는 문신
기억이 희미해지고

우울이 사라지고 개인이 사라지고
스키드 마크 멍자국 없이
균형 잡힌 몸매

텅텅텅
매일매일 털리며 비워진
더 이상 자라지 않는 생각

톡톡톡
착지점 분명한 장렬한 최후

가벼워진 몸통으로 죽어간다

죽고 죽는다
반드시 죽는다
무엇 때문인진 모르는 채로

또 죽는다
흔적도 없는 죽음
한 무더기 찬란한
흰빛

점자책 읽다

세상이 점점 희미해진다
시력에 문제가 생겼나 보다
이제는 손을 써야겠다

만지작거려 본다, 아니 더듬더듬 어눌한 손더듬이가 돼 본다
　점점 잘 보려고 애쓰다가 눈이 먼 것처럼
　점점 잘 만지려고 힘을 준다
　아예 주먹질해 댄다
　주먹을 쓰다 아차 한다
　살살 책장 넘기듯 조심조심
　그래도 세상은 무너지지 않던가
　제샷날 병풍처럼 홀러덩
　이제 실수하지 않으려 한다

　주먹보다는 손바닥
　손바닥보다는 손가락
　손가락보다는 손끝
　손끝보다는

솜씨 야문 것

한 손바닥에 한 손바닥을
가만히 갖다 대는
점자책 읽는
대낮

엄나무 가시, 그깟 것

이 가시에 좋은 게 들어 있대요
주인은 태연하게 봉지를 싼다
농부의 곳간이란 믿음직하다
도시 변두리 어디쯤을 돌다 돌다 귀농하러 들어온 게 맞다면
필시 다칠 만큼 다쳤으련만
상할 만큼 상한 마음일 텐데
레시피 덤으로 얹은 코사지같이 엄나무 가시 달아준다
가시 겁이 없듯이 사람 겁도 안 내는 서울내기
보드라운 손에서 묻어나는 것이
어떤 맹독의 시간인 적도 없진 않았으리
태평한 가시는 군데군데 피를 부르지만
겁 없는 주인은 몸통을 장악하고 뒷덜미를 낚아챈다
어느 땐가 검은 날개를 퍼덕이며 몰려오고 있을 그 무엇도
찌를 틈을 주지 않는다면

그깟 것

농부는 가시가 약이라지 않는가

마술쇼

대관절 무엇을 거느리고 사시나
다솔사 부처님은

열반에 드시다 설핏 졸음에 겨우신 듯
이어폰을 꽂으면 들리는
봉황의 울음소리

동리는 엎드려 글을 짓고
스님네는 또 찻잎을 우려내고
등 뒤로는 햇살 도타운 마을들이 사천

철썩이는 물살의 전언이
마지막에 가 닿은
섬 하나

'장기 사고 팝니다
010-5×33-26×5'
공중화장실에 붙은 스티커 하나

사자춤

찢기고 멍든 것들만 남았다

태풍이 지나간 자리

한 팔이 부러진 나뭇가지

거덜 난 욕망과 짙은 얼룩과 생이여

다만 쓰기만 할 뿐 아무리 핥아도 바닥이 보이지 않는

불면의 긴 밤

꼬리를 보여다오 온 사막을 헤매 돌다 지친 짐승

세상의 검불이란 검불은 다 데리고

희뿌연 먼지 폭풍 일으키며

사자 한 마리 돌아오고 있다

〈
하늘과 땅 사이

털이란 털 죄다 일어선다

아버지 빨래였다

내놓으라고 하는 것엔 무능한 당신
한량과에 합격한 적은 없어도
적은 거기 두었다
한겨울이면 흰 바지저고리 솜을 입었고
한여름이면 흰 두루마기 풀을 먹였다
한 번쯤은
야야 이것 좀 빨아라
내어놓으실 법한 수의

만장같이 펄럭이던 붉은 생애
결박한 채

빨래가 없다
아버지가 없다

백만 년도 더 전 이야기

돌에 박혀 있다
나무에 박혀 있다
별에 박혀 있다

공룡 발자국 읽는다
고사리 잎사귀 읽는다
벌 소리 잉잉거리는 호박꽃 읽는다

나머지 훌륭한 말씀들
어디에 살고 있나

달의 입술

바다를 본 적 없는 사람들
사이로
서포댁이 온다

"개발도 있고 석화도 있고 다 있어예"
비릿한 냄새를 골목마다 부려 놓는다

서포댁이 아부시고 오던
고무 다라이 닮은 태양도 꾸물거린다
서쪽으로 서쪽으로 그 여자만큼 쿰쿰하게
개발 석화 새비 익어간다

마을 담장이 낮아진다
하늘이 아찔하다
개펄을 디디고 오던 여자
바다 냄새 묻은 치맛자락을 끌고 오던 여자
다시 서포댁 비린내가 그리운 무렵이다

달의 찢어진

입술
삭망이다

개들이 일제히 컹컹거린다
생의 저편 밤물결 인다

나의 사랑법

성당 갈 때 강변 둑길로 혼자 하염없을 때 나를 안내하던 네가 이제 싫어졌다 무던한 네 성질도 우둔한 모습도 싫증 난다 기름기 번들거리는 목덜미 욕조 속에 처박아 버렸다 환장하는 이 미친 사투라니! 짓밟고 뭉개도 되살아난다 두들겨 패기도 뭣해 잠시 머뭇거리는 사이 불룩하게 솟아나는 그 무엇, 겨우 욕탕 밖으로 끌어내면 오 감당할 수 없는 물이란 물을 죄다 물고 있는 깃털이여 도무지 결별조차 통보할 수 없는 질긴 몸통 마침내 쓰레기통에 처넣을 궁리를 하지만 결단코 너는 바깥으로 나오려 하지 않는다

결국 너는 미운 오리였던 것이다

소나기

평소에 못 한 말

쌓이고 쌓인 말

실컷 퍼부었다

달라진 건 끝끝내

아무것도 없었다

김밥천국

김만 있으면 천국이 되는 나라
참치가 살고 싶은 나라
옆구리가 터져도 좋은 나라
단무지처럼 저렴해서 좋은 나라
돈가스 왕인 나라
첫 데이트 쫄면 안 돼 그럼 쇠고기도 안 돼 통새우도 안 돼
이름만 믿다가 낭패를 보기도 하는 나라
다이나믹 듀오는 압구정동 KB Heaven
외국인 관광객이 입문하는 첫 음식
샐러드 치즈 멸치 날치알 통큰소세지 매운 고추참치 계란말이
적당히 가져다 말기만 하면 되는 여의도 국화 김밥
라면 분식 덮밥 찌개 돈가스 계절 메뉴 합이 105개
메뉴가 많으면 외국인이 많다 잘하면 108개도 가능한
셀프라 너무 많이 물 탄 사법 김밥
스스로 물 먹으러 새벽 노루가 출몰하는 나라
서울역 앞 먼지 보얗게 뒤집어쓴
이 나라에는 살지 않는 휴가병 김밥

김 한 장이 보장하는 천국행 티켓
값은 1,000원

어떤 祭文

維歲次 某月 某日
孝女 敢昭告于 顯妣
密陽 孫氏

* 옴마 내 이분에 쫌 멀리 갔다 오니라고 늦었수다.
* 먼디 오디?
* 옴마는 모를 먼 나라요, 옴마 계신 북망보다야 멀진 않지만, 어때요 춥진 않으요.
* 하모 내야 언제나 잘 있제. 그란디 그 먼디 댕길라믄 이 서방 밥은 우짜고?
* 그게 쫌, 그래서 우리 이 서방 삐꼈어요.
* 단디 해라이, 우짜든지 남자 비우 거스르지 않게 잘 해야제.
* 근데 그 나라는 여자들이 차도르 까만 천을 눈만 내놓고 온 데 가리고 다닌다아.
* 와, 얼굴이 못났던가.
* 엄청 예뻐. 눈은 이전에 와 우리 황소보다 쌍꺼풀이 더 크게 기름지고 맑다!
* 그라모 일은 우찌 할라꼬?

* 그란께 그 옷 입고 일도 척척 잘하고 절대 절대 아무한테도 살갗을 보이지 않는다는데 밤일도 잘하고 속옷도 엄청 야하다네.
* 아이고 숭시럽어라. 네는 참 별난 것도 다 알아 갖고 댕기네.
* 와, 옴마 기일이라고 고상하고 거룩한 말만 해야 되나? 다 암시롱.
* 먼 소리고
* 그 오마샤리프 같은 남자들이 지들만 좋을라고 그라는 것이지.
* 머 내 말고도 옴마가 있나.
* 하하 참 내, 서양 남잔데 콧수염 멋있고 학생 때부터 좋다하던 배우 있잖아요.
* 네가 좋다던 놈이 한두 놈이라야 에우든가 말든가 하제.
* 참 그렇긴 하네. 제임스 딘, 젊은이의 양지 몽고메리 크리프트, 제임스 본드
* ......
* 옴마는 그 그림자 머 할라고 보내, 차라라 과자를 한 닢부치 사묵지 하셨제.

* 잘 아누만.
* 그 그림자가 사람을 쥑여요.
* 여기 와 보이 다 쓸데 없더라.
* 그럼 머해?
* 무탈하게 밥 잘 묵고 자석들 잘 키우는기 제일이제. 느그들 맹키로. 그라고 일 년에 한 분이라도 잊아부리지 않고 제상 그득히 채리주는 자석들이 다섯이나 있인께 내는 복노인이제. 잘 살았더라고, 많은 전답 머슴들 데꼬 들일할 제 세상 아무것도 안붋었네라, 숨 붙어 있는 때 한시라도 일손에서 놔본 적 없인께 그게 대복이제.
* 정말? 그럼 잘 계세요. 이제 널어놨다고, 밥 흘린다고 타박 안 할게요. 죄송했어요. 두고두고 죄송해요. 더 많이 이야기하고 놀아드릴 걸, 그 싫어하시던 영화관에 가서 '워낭소리'도 보고 '님아, 그 강을 건너지 마오'도 보어 드릴 걸 하고 아쉬워했거든요. 옴마.

-尙饗

■□ 해설

삶도 끝도 아닌 지속으로서의 쓰기

오보배(강원대학교 불어불문전공 교수)

　문젬마의 첫 시집 『북적이지 않는 꽃의 질서』는 총 4부로 구성되어 있으며, 1부와 4부는 각 열다섯 편, 2부와 3부는 각 열여섯 편의 시를 묶고 있다. 그러나 대략적인 양적 균등함 외에 각 부에 속한 시편들은 주제나 소재, 길이, 문체에 있어서 이렇다 할 공통점이 발견되지도, 다른 부에 수록된 시들과 분명한 차이를 보여주지도 않는다. 그렇다면 이 구성을 어떻게 이해해야 할까? 시집의 제목을 다시 들여다보자. 문젬마의 시 세계는 "꽃의 질서"를 따르기로 하였다. 이는 "수직의 순번만을 인정하는" 계급의 질서(「단추제국」)를 정면으로 반박하면서 태동한 것이 아닐까? 후자가 "일대일 세팅"이고, "자식의 번식을 허락하지 않는 가계"라면, 전자는 여럿의 어우러짐이고, 수평의 땅에 뿌리 내린 다채로운 모양과 색들의 공존이다.

 3부나 5부가 아닌 4부라는 점에서는 사계를 떠올릴 수도 있겠다. 인간 문명의 일선적이고 불가역적인 시간과는 대비되는 자연의 순환적 시간 말이다. 물론 각 부에 수록된 시편들이 어느 계절의 전형성 아래에 놓인 것은 아니다. 아이러니와 대범한 장난이 반복되는 문쩸마의 시들은 도리어 봄에 내린 폭설 같고, 가을에 찾아온 열대야 같다. 그러니 만약 그의 시들이 네 번의 계절이라는 의미에서 4부로 나뉘어 묶였다면 이것은 필시 21세기 이상기후에 가까운데, 그렇다면 이것은 동시대성(contemporality)을 자신의 중요한 언어적 특징으로 삼은 이 작가의 문학관을 반영한 결과일까.[1]

 정답을 찾으려는 노력은 무용하나, 어쨌든 네 번의 계절이라면 그것은 하나의 시절이다.

 이 '한 시절'에 대해서는 작가도 언급한 적이 있다. 2014

---

[1] 문쩸마의 시는 의도적이고 반복적이며, 무엇보다 무척 적절한 유행어의 사용으로, 1954년생 작가의 글이라고는 생각하기 힘들 정도의 동시대성을 보여준다. 이에 관해서는 별도의 지면이 필요할 것이다.

년 출간된 수필집의 머리말에서 그는 "한 시절이 가고 나면 새롭게 또 재감 없이 씨앗을 품을" 세계를 꿈꾸고 있었고, 어쩌면 약속했다. 보다시피 이 또한 꽃의 질서다. 하지만 당시 출간된 책의 제목은 '우연히 쓰고 싶어 쓴 글씨'를 의미하는 『우연욕서(偶然欲書)』. 첫 책에 자신의 문학을 실재하는 무언가로 지칭하기에는 너무 일렀거나 조심스러웠던 것일까. 지극히 일상적이면서도 좀처럼 설명하기는 어려운, 전래동화의 권선징악도 작용-반작용의 물리법칙도 벗어난, 인간으로서는 그저 받아들이고 머잖아 잊곤 하는 이 '우연'을 제 문집의 목에 두를 가벼운 스카프로 고른 끝에야 작가는 가까스로 마음을 가라앉히고, ISBN이 붙은 자신의 책을 얻었다. 그리고 9년이다. 그 사이 2017년 마산가톨릭 문학상 시 부문에 당선되는 영광도 있었으나, 시인이라는 정체성은 한 차례의 등단이나 수상으로 얻어지는 것이 아니기에 이 시집의 출간을 통해 비로소 작가는 자신이 처음과 같이 이제 와 항상 영원히 시인 문젬마로 살았고, 살아있으며, 살 것임을 얼마간 증명했다 하겠다.

어쩌면 산문에서 시라는 장르로 넘어온 안도감일까. 숨바꼭질의 재능이란 정말로 영영 찾지 못하게 꼭꼭 숨어버리는 기술이 아니라, 평소와 달리 조금 열린 문틈을 남겨놓는 일에 더 가깝다는 것을 아는 재치 있는 사람이기에 그랬을지도 모른다. 제목에서부터 전작과는 다른 용기가 읽힌다. '우연'보다는 훨씬 구체적인 "꽃의 질서"를 표방하고, 그들처럼 자신의 삶도, 글도, 그리고 그 글을 읽는 독자들의 내면도 "북적이지 않"기를 소망하는 마음을 제목에 담아낼 수 있게 된 만큼, 문학적 지향도 한층 분명해졌다. 성장이나 성숙이라는 말이 채 담지 못할, 이러한 반가운 변화가 일어난 데에는 작가가 자신의 집 앞마당을 '詩詩한 뜨락'이라 명명하고, 이를 진주시가 선정한 가장 아름다운 정원의 하나가 될 만큼 훌륭하게 가꾸어낸 세월도 한몫했을 것이다. 그러니 이 시집의 4부 구성이니 하는 틀에 지나친 주의를 기울이는 것은 적절치 못 하리라. 울타리는 낮고, 네 개의 문은 소박하다. 초대받은 이들은 북적이지 않는 시의 정원을 자유로이 거닐며 잠깐씩 발걸음을 멈추기만 하면 된다. 그러면 어디서 본 듯하다가 별안간 무척 새롭게 다가오는 62편의 풍경들을 만나게 될 것이다.

어떻게 읽어도 좋을 시집이지만, 해설의 편의를 위해 이 시들을 다섯 가지 테마로 나누어 살피고자 한다. 작가 자신이자 연민 혹은 연대의 감정을 일으키는 대상으로서의 '여성',

가부장의 동의어라 할 수 있을 '남성', 결코 만나지 못할 두 사회적 주체의 숙명 속에 잠시라도 고독을 잊게 해줄 판타지처럼 자리한 '에로스', 필패(必敗)의 사랑을 위해 혼신을 다하는 동안, 생의 의지와 팽팽한 긴장으로 공존하게 된 '타나토스'다. 마지막으로 양극의 경계에서 작가가 선택한, 삶도 끝도 아닌 지속으로서의 '언어'다.

1. 여성

문젬마의 시편들에서 화자 혹은 시선의 대상(주인공)은 대부분 여성이다. 인간 여성일 때도 많지만, 제목과 내용에서 암시되는바 자연지물이 주인공으로 등장한 작품에서도 그것들은 여성의 목소리를 대변하는 경우가 빈번하다. 이는 시인의 정체성에서 가장 큰 자리를 차지하는 것이 젠더임을 보여주는 동시에 그가 시 창작을 통해 전하고자 하는 메시지 역시 다분히 여성주의적이라는 것을 의미한다. 그렇다면 문젬마의 여성들은 어떠한 얼굴로, 어떤 삶을 살아온 사람들일까? 이 작품집을 여는 첫 번째 시 「이력서」에서의 묘사에 따르면 여성이란 무엇보다 먼저 "딸", 자신의 부모에게 '아들이 아닌 자녀'로 태어난 사람을 칭한다. 그는 선물 포장을 뜯는 형제의 신난 얼굴을 옆에서 구경만 해야 하는 "누나"이고, 그렇기에 육십 평생을 살고도 이력서의 빈칸에 적어 넣을 내용이 궁색한 처지다. 대충 예를 갖춘 고용주의 말에서 괄호 안 속내를 듣고야 마는 예민한 귀를 가진 사람, 소수자다. 문젬마가 그리는 여성의 얼굴에서 가장 큰 특징은 입과 표정의 부재다. 작품 「자화상」은 거울을 앞에 두고 앉아 입이 없는 자신의 얼굴을 무표정하게 바라보는 개인의 시선을 따라 전개된다. 그러나 "마이크가 주어진 적 없는 입"이라는 문장에 다다르면, 이 시는 시대와 국가를 넘어 발언권을 빼앗기고 표현과 생각의 자유를 억압당한 여성, 아니 모든 소수자의 자화상으로 변모한다. 문젬마의 시 속 여성의 몸은 금방이라도 꺾일 듯 위태롭다. 게워지지 않는 사내의 기억을 토하느라 "부러질 듯 부러질 듯 무거운 목이 아슬아슬"하고(「수국여자」), "우수사원 포상금으로 한턱" 내며 보란 듯이 버텨봐도 7센티 킬힐 위에 선 여자는 "아슬아슬하고 위태로운 세상 기우뚱거리며" 사는 게 운명이다(「장충족발」).

그렇다면 한과 분노가 응어리진 시들인가? 투쟁과 저항을 부르짖는가? 그렇지 않다는 점이 문젬마 시편들의 큰 미덕이다. 여성주의 비평의 관점에서 충분히 흥미로운 대목들을 지니고 있음에도, 신파로 흐르거나 선동적 메시지를 담는 매개물로 전락하지 않고, 시편들은 각자의 고유한 아름다움을 갖춘 언어 예술로 존재한다. 이는 시선집 전체에서 유지되는 '낮은 음성(혹은 사운드)' 덕분이다. 이 책에서 그나마 가장 큰 소리가 들렸던 것 같은 시편으로는 「수박 2」 혹은 「소나기」 정도를 들 수가 있을 텐데, 이 작품들에서조차 수박이 "쩍!"하고 갈라지는 소리라든가, 참고 참다 비명처럼 터져 나온 고통의 언사가 직접 재현되지는 않는다 – 그러나 우리는 이 소리들을 정말로 들은 듯한 기분을 갖게 된다. 소리든 감정이든 날 것대로 쓰지 않으면서, 독자에게 그 강렬함을 생생히 전하기 위해 시인은 클라이맥스를 굉장히 압축하거나 아예 제거하는 방식을 사용한다. 뿌리 깊은 성차별의 피해자이자 몸과 정신을 억압당한 약자로서 여성이라는 사회적 주제를 건드리면서도 문젬마의 시편들이 소위 운동권 문학의 투박함을 벗어나 한 차원 높은 예술성을 획득할 수 있었던 이유다.

2. 남성

여성과 달리 남성의 등장은 드물고, 그 재현방식도 모호하다. 남편, 아버지, 시부, 삼촌, 할아버지 등 호칭은 다양하나 개인적 특성은 거의 말살된 이들은 모두 가부장제의 기득권이자 여성의 노동력에 기생한다는 공통점을 갖는다. 평생

토록 가족의 생계를 책임지느라 자신을 돌보지 못하고, 말년에 이르면 아내와 자식들로부터도 외면당하는 고독한 자로 묘사되던 지난 세기 한국 (남성) 문학 속 아버지와는 상당히 다른 결이다.

문젬마의 시편에서 가부장제가 갖는 가장 큰 특징은 위선인데, 이것을 드러내는 시적 소품들이 일상적이어서 탁월하다. 우리 삶과 맞닿은 소재를 선택한 덕분에 남성적 위선을 고발하는 화자의 시선이 한층 더 맑고 명료해지는 결과를 만들어냈다. 가부장들이 세운 「단추제국」은 "일부일처의 가계, 정직한 / 일대일 세팅"을 표방한다. 그러나 "정직한"과 "일대일 세팅" 사이 행을 달리하여 한 호흡을 부러 쉬게 만드는 형식에서 암시되는 것처럼 이는 제 밑으로 "얼마간의 병력을 거느리고" 살기 위한 가식일 뿐, 실제로는 지켜지지 않는 룰이다. "다정하게 끌어안고 있거나 그냥 누워있거나 / 언제나 원 플러스 원"으로 묶이는 것이 결혼인 줄로 알았던 아내는 매일같이 반복되는 "혼밥과 혼술의 드라마" 속에서 "지글거리는 증오같이 살을 구워"낸다 (「원 플러스 원」, 「단추제국」, 「부부」). 마음을 다잡은 어느 날에는 "화병 가득 식탁에 꽃을 차"려 보고, "한 송이 뽑아 드는 남편 코끝으로 음, 향이 좋군" 칭찬도 한마디 던지지만, 정성껏 차린 밥으로 배를 채운 남자는 "삼천포 과수댁을 만나러" 가버리고, 여자는 "두 딸 양 손목에 거머쥐고" 그를 찾아 나서는 게 세대를 거듭하는 부부의 일상이다 (「꽃의 연대기」).

소녀의 눈에 비친 가부장은 "장날 어스름 [...] 늘 불콰"한 얼굴이고, (「할아버지와 나와 갈치와」), 그 아들은 "한량과에 합격한 적은 없어도 적은 거기에" 둔 인물로 계절마다 옷을 차려입는 것만이 제 일인지라 죽고 난 뒤에는 그저 사라진 "빨래"로 기억된다 (「아버지 빨래였다」). 그 밖에도 "일인용 매트 크기", "전기장판으로 눌어붙"은 초라한 이미지로 반복 재현되는 권력자의 죽음은, 살아생전 균열을 상상하기 어려울 만큼 견고하고 감히 그 비위를 거스를 엄두를 낼 수 없을 만큼 막강한 힘을 지닌 남자의 일생과 대조를 이룬다 (「순장」, 「수박 2」, 「자화상」). 여러 나이대의 여성-화자가 기억에서 길어 올리는 가정의 풍경은 우리에게 익숙한 표현으로 '집구석에서 놀고먹는 OOO'에 들어갈 단어의 앞머리는 *女*가 아니라 *男*이라는 것을 꼬집는다. 유일한 예외는 "홀아비 막냇동생"이다. 가부장제의 바깥에 위치한 남성인 그는 "약 한 번 안 쳤다는 텃밭"을 일구는 '노동하는 남성'으로, 동생이 거둬들인 "무며 갓이며 파며 목 날아간 시래기"는 화자에게 "이거 간 맞나 봐라 / 수육보쌈 들이밀 어머니"의 기억을 불러오는 시적 오브제가 되어준다. 그렇기에 시인은 그를 위해 기꺼이 "떠도는 속재료들 꽁꽁 쟁여 넣은" 배추를 감싸 안는, "푸른 겉잎"의 누이가 된다 (「디아스포라」).

3. 에로스

상황이 이러한데도 문젬마의 화자들이 지치지 않고 에로스를 탐색하고 추구한다는 점은 일견 절망적으로(!) 읽힐 여지가 있다. 인질범을 욕망하는 포로의 심리상태가 아닌가 하는 의심 때문이다. 하지만 이것에 절망감을 느낀다면 그것은 독자 스스로가 적어도 두 가지 편견을 지니고 있음을 자백하는 셈이 된다. 하나는 에로스가 이성 간 성행위와만 연관된다는 편견, 다른 하나는 이성의 육체를 욕망하는 것이 가부장제 유지에 일조하는 것이라는 편견이다. 물론 작품 「원 플러스 원」에서처럼 화자의 성별과 자리가 '여성-아내'로 그 성애의 대상은 '남성-신랑'으로 특정되는 경우도 있지만, 이는 오히려 예외에 가깝다. 성애를 다루는 문젬마의 시편 대부분에서 에로스는 여성과 남성 사이의 애무나 육체적 결합을 전제하지 않고, 거의 그 반대라고 해도 좋을 정도다. 왜냐하면 이 시인의 에로스는 대상이 모호하거나 부재한 상태에서, 육체적 관계라 부를 행위마저 일어난 적 없음에도 그저

강렬히 지속되는 감각 혹은 욕망으로 표현되기 때문이다.[2]

예를 들어 「엉겅퀴」에서 '당신'은 "본 적도 없는 소문만의 당신"이며, "그래도 만져보고 싶은 몸"일 뿐이다. "어디쯤 오고 있나요"하는 물음에도, "저 저 저 좀 안아주세요"하는 애원에도 답을 주지 못하는, 존재 여부가 불확실한 상대다. 시 「복숭아」에서도 "불온"하여 너무 달콤한 것은 "생각"일 뿐이고, 그것만으로도 "벌써 간지러운" 화자의 "쉬운 몸"은 자신의 "몸을 오그려 사타구니까지 다 핥아먹"는 자위 혹은 그러한 상상으로 혼자의 일탈을 그친다. 결국 "아무 짓도 한 게 없는데 / 당신 생각하는 것만으로도 밥 못 먹고 잠 못 자고 / 사랑 따위 엄두도 못 내"는 소심한 화자는 "춤인지 노래인지 발광인지" 알 수 없는 끝 모를 떨림을 즐기지도 못해, "은도끼를 들고 저의 모든 걸 송두리째 찍어내 주세요"하며 금기의 빨간 구두를 욕망한 죄로 신의 저주를 받은 카렌처럼 기도를 올릴 뿐이다 (「은사시나무」)[3]. 비-존재의 상대와 촉각적 교류

---

[2] 게다가 성행위가 묘사된 유일한 시 「치사량이 없다」는 "오르가즘", "교성", "이물질을 삽입", "쾌감", "뒹굴다", "발가벗은 채", 심지어 "사랑"이라는 말까지 등장하지만, 에로스는 찾아보기 힘들다.

가 없는 에로스. 이 아이러니를 어떻게 이해해야 할까?

에로스를 노래하는 시편들 속에서 유난히 두드러지는 존댓말의 사용도 아이러니를 더한다. 성적 욕망을 드러낸, 말하자면 '주체적'인 텍스트이거늘, 그 안에서 화자가 편안하게 느끼는 자리는 언어적으로 낮은 위치라는 점이 그렇다. 판타지 안에서도 화자는 주도하기보다 기다리고, 명령, 요구하는 대신 복종, 애원하는 순종의 역할을 자원한 셈이다. 사정이 이렇다 보니 일련의 스테레오타입을 벗어나지 못했다고 비판할 수도 있을 문젬마의 에로스를 우리는 두 가지 이유에서 대범한 혹은 담대한 시도로 읽는다.

대범함, 그것은 이토록 금욕적인 성녀-화자가 자신의 창녀-욕망에 대해 구태여 말하고 있다는 사실 그 자체에서 비롯한다. 즉, 독자나 시대의 기준에 비추었을 때가 아니라, 화자 자체를 완전히 내재적인 차원에서 이해했을 때에 우리는 비로소 이 에로스의 대범함을 발견할 수 있다. 그리고 이것

---

3) 이 시는 중심 소재가 '은(銀)사시나무'의 욕정이기에 마지막에 '은(銀)도끼'가 소환된 것이라는 추측이 들지만, 한편으로는 질료와 기능상의 공통점 때문에 이것이 혹시 조금 진보한 형태의 '은장도(銀粧刀)'는 아닐까 하는 의심도 해보게 된다.

은 당연하게도 해방을 향해 내디딘 걸음이다. 우리 모두가 그렇듯 시인 또한 완벽한 해방, 완벽한 포옹, 완벽한 관계는 불가능인 줄 알면서도 그는 자신의 화자를 이 필패의 쾌락으로 과감히 들이민다. 철학자 레비나스의 표현을 빌자면 이 에로스는 "감추어진 타자", "손에 잡히지 않고 계속 미끄러지는" 그 '당신'을 만지고 찾는 몸짓이다[4]. 이 담대함을 혹여 누군가 어리석음이라 부른들 화자는 눈 하나 깜짝하지 않을 것이다. 문젬마에게 있어서 "신경이 다발로 피어난" 예민한 몸체만큼 아름다운 것은 지상에 또 없으며, "가까이 오기만 해도 쓰러"지는 것은 나약함이 아니라 굳은 의지요, "밤이면 [...] 눈꺼풀로 접"히는 그 자발적 패배야말로 "별빛도 달빛도 눈부시"게 만드는 에로스의 논리이기 때문이다 (「미모사」).

4. 타나토스

진지하게 문학을 대하는 작가들의 글쓰기 행위, 창작 욕구의 바탕에는 반드시 자기 소멸에 대한 인식 혹은 예감(=공포가 끼어든 확신)이 깔려있게 마련인데, 문젬마의 시편에서도

---

[4] 강영안, 『타인의 얼굴』, 문학과 지성사, 2005.

타나토스는 중요한 문학적 주제의 하나로 자리하고 있다. 에로스를 노래하는 그의 방식이 비교적 전면적이라면, 죽음의 충동을 다루는 시인의 태도는 훨씬 더 정제되어 있다. 인생이 문득 지겨워질 때, 자신의 자살 사고(思考)에 잡아먹혀 버리거나 스스로를 그 충동에 내맡기는 것이 진정한 예술을 탄생시키리라 기대하는 창작자들도 있지만, 문젬마의 경우는 그 순간의 감정으로부터 항상 일정한 거리를 확보해낸다. 이러한 조심성은 세례명이 대신한 시인의 필명(筆名), 「고백 성사」라는 제목이 붙은 이 책의 서문에서 그 무게를 알 수 있는 작가의 신앙심과 무관하지 않을 것이다. 죽음에 관한 생각이 더 나은 삶을 바라는 일과 동일함을 알고, 또 인정하는 이 지혜로운 시인은 어둠의 욕망이 스쳐 지나가도록 하는 데에 자신의 창작 행위를 동원하고, 어떤 말을 쓸 것인가보다는, 어떤 말을 덜어낼 것인가를 치열하게 고민한 결과로서의 행간(行間)을 통해 그러한 스쳐감 자체를 시로 만들어낸다.

「근하신년」은 그렇게 탄생한 가장 탁월한 작품의 하나다. 「장례식장의 경우」나 「새 옷」, 「순장」의 화자가 가족까지를 포함해 이승의 덧없음을 상기하기 위한 일종의 단련을 하고 있다면, 「근하신년」의 화자는 그러한 단련이 더는 필요하지 않을 정도로 삶과 죽음의 모순을, 부조리한 두 개의 명령을 있는 그대로 받아들인 모습이다. "눈 같은 것 없이도 온다 / 고양이 발소리로 온다 / 길고 긴 징역살이, 보석으로 온다"로 시작하는 이 시편에서 새해의 다가옴은 불가항력, 무조건적인 도래(到來)다. "징역살이"인 동시에 "보석"이고, "퍼내어도 그득"하며, "솥전 넘치도록" 오는 이 생(生)은 화자에게 있어 지겨울 만큼 풍성하고, 너무 풍성해서 지겨운 무언가다. 이러한 이미지의 양가성은 반드시 홀로 '죽을 자'의 숙명과 그럼에도 타자를 붙들고 싶은 '산 자'의 욕망을 고스란히 담아낸다. 모두가 근거 없는 희망에 가슴이 부풀어 서로의 복(福)을 기원하는 축제의 순간에, 화자의 고요한 시선은 다시 언덕 아래로 굴러떨어지는 바윗덩이를 바라보는 시지프스의 눈을 닮았다. 그러나 이는 절망하거나 신을 원망하지 않는 시지프스, 알베르 카뮈(Albert Camus)와 그 의도는 다르지만 결국은 동일하게 "행복한 시지프스"다[5].

---

5) 문젬마의 신앙심을 고려하자면, 종교를 하나의 기만으로 주장했던 카뮈의 문학에 이 시편들을 비교하는 것은 부적절할 수도 있다. 그러나 카뮈가 신의 형벌을 무효로 만들기 위한 '반항'으로서 이 생을 행복하게 살아내 버리는 시지프스를 상상했다면, 문젬마의 경우는 인간의 눈에 형벌처럼 보이는 순간에도 삶은 기실 차고 넘치는 주님의 축복임을 거듭 발견하는 신앙인의 '통달'로 행복한 시지프스가 된다.

5. 언어

시 「이력서」에 대해 다시 생각해보자. 이력서란 무엇인가? 그것은 한 개인의 과거에서 성취라고 여겨지는 순간들을 모은 기록이자, 그에게 미래의 새로운 계약을 허락해줄 문서다. 이 시가 작품집의 첫 번째에 위치하는 이유는 자명하다. 문젬마의 시는 세상이 이력으로 쳐주지 않는 시간 속에서, 경력으로 환산되지 않을, 호봉으로 산정되지 않을 피와 땀을 먹고 영근 언어의 열매다. "목련꽃 빈혈"을 앓았던 때를 회상하며, 뒤라스의 안 데바레드와 단숨에 조우해 버리는 문젬마의 화자가 자신의 이력서를 들이민 곳은 다름 아닌 문학의 창구[6]. 그러니 무슨 미련이 있을까. "소원에 대해 물어"달라며 애걸복걸하는 화자의 말투는 그가 이미 등지고 떠난 답답하고 근엄한 세계를 조롱하는 것처럼 들리기도 한다. 이 작품을 시작으로, 시인은 스스로를, 또 자신의 시를 "언박싱"하는 독자들을 기쁘게 할 선물을 짓느라 양손이 내내 분주하다.

금기이자 자유의 세계로서 문학을 향한 동경, 단어와 상

---

[6] 마르그리트 뒤라스(Marguerite Duras)의 소설 『모데라토 칸타빌레』의 주인공 안 데바레드에게 있어서 목련꽃은 흠 잡힐 데 없이 살아온 지난 세월, 거짓의 삶을 뒤흔드는 진정한 유혹의 상징물이다.

상력을 놀잇감 삼고 킥킥대는 천진함, 사소한 존재에게 최대한의 애정을 쏟아붓는 일로서의 시-쓰기의 추구는 문졤마가 다른 장르가 아닌 언어의 예술을 선택한, 혹은 그 운명을 따르게 된 까닭이다. 분명 작가의 분신일 「도서관」의 화자는 "일일이 접힌 페이지를 들추지 않아도 / 서가를 거니는 것만으로도 전율"하며, "명문장"을 찾는 열성적 독자로 오랜 세월을 보냈을 것이다. 질문인 듯 비난할 거리를 찾는 시모(弑母)의 빤한 수작에 "저는 사실 울산 앞바다 고래의 증손녀인데…"하며 숨겨진 출생의 비밀을 밝히는 기상천외한 상상으로 맞선 순간들이, 인간 문겸임을 버티게 하고, 시인 문졤마를 만들어갔을 것이다 (「고래의 딸」). 똑똑한 여자, 한국문학의 가장 위대한 성취를 이룬 소설가가 아니라, 손끝에서 생명을 일구는 농부이자 주부, 세상에서 가장 희미한 사람을 또렷이 기억하고자 펜을 드는 시인으로서 박경리를 "에나로" 닮고픈 마음이 이 작품집을 완성으로 이끌었을 것이다 (「애송시」).

그리고 마침내 "가녀린 / 어머니의 생애"를 "탁본 한 장 떠두려"고 문졤마는 펜을 들었다. "문맹인 어머니"에게서 태어나, 글을 읽을 뿐 아니라 쓰는 여자가 된 시인은 "난 절대 엄마처럼은 살지 않을 거야"라고 외친 딸이 고향집 문을 박차고 나갈 때, 그 화가 난 발걸음으로 밟고 지나간 땅이 '넌 절대 나처럼 살지 마라'고 기원했던 어머니의 몸이었음을 깨닫는다 (「탁본」). 그 깨달음 덕분에 마지막 시 「어떤 祭文」이 쓰여진다. 이것은 이승에서 저승으로 보내는 편지나 뒤늦게 기억을 더듬고 상상을 덧붙여지어 낸 가상의 담화가 아니다. 이 시에서 그러한 경계는 없다. 아홉 달 차고 둘이 되기 전에는 한 몸이었던 것처럼, 딸과 어머니는 한 명의 시인, 하나의 텍스트, 유일하고도 영원한 현재 속에 공존하며 완전한 합일에 이르는 대화를 나눈다. 그래서 책의 끝에 이르러 어머니는 여한이 없고, 딸은 "두고두고 죄송"하다. 문젬마의 시에 해설을 쓰는 사이, 오랜 딸이고 젊은 엄마인 나 역시 조금 더 화해를 해낸 것 같은 기분이 드는 것도 그 덕분이리라. "예 그렇습니다"의 세계를 벗어나 이토록 깊고도 풍성한 "우리말 여성형"의 새로운 예제들을 만들어낸 시인의 노고에 감사와 존경을 보낸다.

– 봄을 기다리는 춘천의 연구실에서